IAN LIPINSKI

GARDE LE CAP

LES AUTEURS

Nicolas Kempf est scénariste de bandes dessinées, auteur de biographies et de romans, et coach littéraire.

Fabrice Weiss, ancien des Arts déco de Strasbourg, est dessinateur de bandes dessinées et illustrateur pour la jeunesse et la presse. Il a aussi travaillé dans le domaine du jeu vidéo.

Un livre publié en partenariat avec le Crédit Mutuel.

Direction éditoriale : Mathilde Reumaux
Maquette : Ange Mercuri
Fabrication : Gilles Hanuise
Chromie : Jean-Baptiste Ritt, Aprime
Révision des textes : Antonio Lagala

ISBN 978-2-37164-084-9

www.ebra-editions.fr

Nicolas
KEMPF

Fabrice
WEISS

IAN LIPINSKI GARDE LE CAP

4 ANS DE COURSES ET DE CHALLENGES AVEC LE CLASS40 CRÉDIT MUTUEL

ebra ÉDITIONS

Nicolas Théry
Président
de Crédit Mutuel Alliance Fédérale

Daniel Baal
Directeur général
de Crédit Mutuel Alliance Fédérale

Exupéry
SPLAF
BON, JE SUIS DANS LE PELOTON DE TÊTE, TANT MIEUX.
Crédit Mutuel
MAIS IL S'AGIT DE DÉCIDER CE QUE JE VAIS FAIRE MAINTENANT.
ROUTE SUD OU ROUTE OUEST... ?

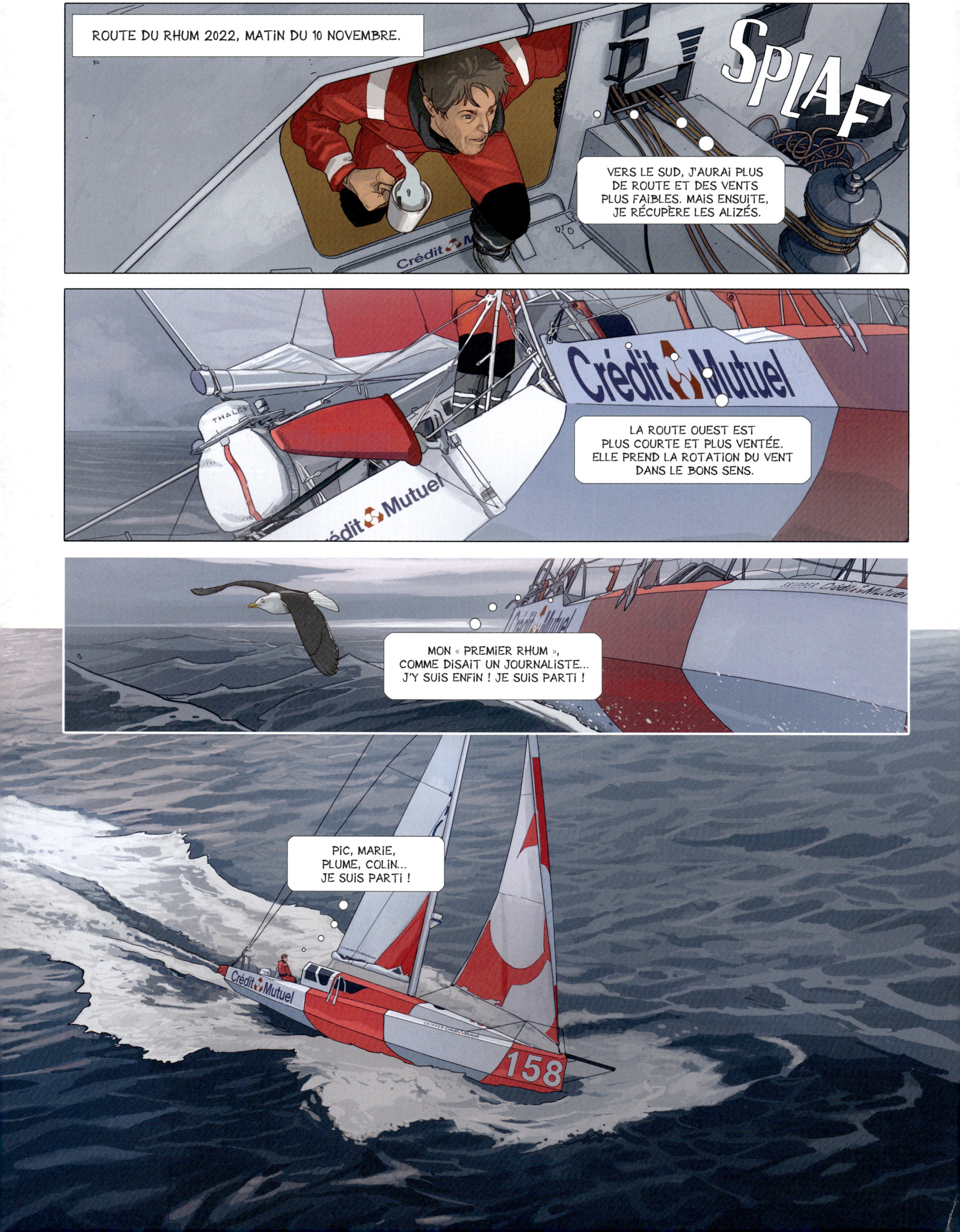
ROUTE DU RHUM 2022, MATIN DU 10 NOVEMBRE.
SPLAF
VERS LE SUD, J'AURAI PLUS DE ROUTE ET DES VENTS PLUS FAIBLES. MAIS ENSUITE, JE RÉCUPÈRE LES ALIZÉS.
LA ROUTE OUEST EST PLUS COURTE ET PLUS VENTÉE. ELLE PREND LA ROTATION DU VENT DANS LE BONS SENS.
MON « PREMIER RHUM », COMME DISAIT UN JOURNALISTE... J'Y SUIS ENFIN ! JE SUIS PARTI !
PIC, MARIE, PLUME, COLIN... JE SUIS PARTI !
158

"J'AI BIEN CRU QUE JE NE PARTIRAIS JAMAIS..."
5 NOVEMBRE 2022, FIN D'APRÈS-MIDI. VILLAGE DE LA COURSE À SAINT-MALO.
MONSIEUR LIPINSKI, VOUS CHERCHEZ ENCORE UN ÉQUIPIER ? JE PEUX ME LIBÉRER, ET...
HA HA... C'EST GENTIL, MAIS LE « RHUM » EST UNE COURSE EN SOLITAIRE. UNE PROCHAINE FOIS, PEUT-ÊTRE ?
ET COMMENT VOUS ALLEZ FAIRE POUR VOUS LAVER, POUR VOUS BROSSER LES DENTS ?
EUH... AVEC UNE BROSSE À DENTS ET DU DENTIFRICE ?
IAN LIPINSKI, VOTRE CONTRAT POUR BARRER LE CLASS40 DU CRÉDIT MUTUEL DURE DEPUIS 4 ANS, C'EST BIEN ÇA ?
EN EFFET, OUI.
VOUS AVEZ RAFLÉ PAS MAL DE VICTOIRES AVEC CE BATEAU RÉVOLUTIONNAIRE. VOUS N'AVEZ PAS TROP LA PRESSION ? C'EST TOUT DE MÊME LA ROUTE DU RHUM, LA COURSE REINE, UNE TRANSATLANTIQUE EN SOLITAIRE !

C'EST UNE COURSE MYTHIQUE ET LA PRESSION EST ÉNORME. J'ESSAYE DE NE PAS Y PENSER POUR ME CONCENTRER SUR L'ESSENTIEL.
Mutu
VOUS AVEZ UN PEU DE TEMPS, NON ? VENEZ PRENDRE UN POT AVEC NOUS EN VILLE...
HA, HA, HA ! C'EST GENTIL, LES MARINS ADORENT SORTIR LA VEILLE D'UNE COURSE !
MAIS LES CONDITIONS MÉTÉO NE SONT PAS BONNES. VOUS ALLEZ PARTIR QUAND MÊME ?
LE CIEL NOUS LE DIRA !
IAN, TU CONNAIS LA NOUVELLE ? LE DÉPART EST REPOUSSÉ, À CAUSE DE LA MÉTÉO.
OH... C'EST SANS DOUTE MIEUX, OUI.
ALORS TOUT S'ARRANGE, MONSIEUR LIPINSKI !
PUISQUE VOUS NE PARTEZ PAS DEMAIN, VENEZ FAIRE LA FÊTE AVEC NOUS !

ROUTE DU RHUM 2022, 13 NOVEMBRE.
LES CONTRETEMPS DU DÉPART, C'ÉTAIT IL Y A HUIT JOURS.
HEUREUSEMENT, MAINTENANT, ÇA FILE...
DEPUIS 2019 QUE JE SKIPPE CE BATEAU, ÇA FAIT TOUT DE MÊME UN BEAU PARCOURS.
POUR NOS EFFORTS DE CONCEPTION, DE CONSTRUCTION, POUR LES ESPOIRS DU PUBLIC, JE VAIS TOUT FAIRE POUR LE GAGNER, CE « RHUM ».
ET AUSSI PARCE QUE... J'AIME ÇA, BON SANG !
CRRRR
BON SANG ! NON !
LA VOILE NE MONTE PLUS, IAN ! LA DRISSE EST COINCÉE !
IL FAUT QUE J'ARRANGE ÇA, ET VITE.

ALLEZ, VIENS PAR ICI, TOI !
158
AH !!
SCHLAK
APRÈS DES SOINS RAPIDES, IAN RETOURNE TRAVAILLER SUR SA VOILE.
D'ABORD, FERLER LA VOILE... PATIENCE, MON VIEUX, ON VA TE REMETTRE D'APLOMB.
TU PARLES AU BATEAU, MAINTENANT ?
JE TE SUFFIS PLUS, COMME COMPAGNON IMAGINAIRE ?
158
ET APRÈS 10 MINUTES D'INTERVENTION TENDUE
OUF, LA VOILE EST SÉCURISÉE.
MAINTENANT, IL S'AGIT DE RÉPARER LA DRISSE. JE DOIS ME DÉROUTER VERS DES ZONES PLUS CALMES.
J'AI TROUVÉ, LOF, ÉCOUTE ÇA...
« ET JE ME PRÉPARAI À ESSAYER DE RÉUSSIR, TOUT SEUL, UNE RÉPARATION DIFFICILE, À MILLE MILLES DE TOUTE TERRE HABITÉE. »
ALORS TU TE DÉROUTES, IAN ? DOMMAGE : MOI, J'AIME BIEN QUAND ÇA SECOUE !
HA HA, TOI NON PLUS TU N'AS PAS OUBLIÉ NOTRE TOUR DES ÎLES BRITANNIQUES...

5-6 JUILLET 2020, QUELQUE PART AU SUD-EST DES SHETLAND...
À CAUSE DE LA PANDÉMIE DE COVID, LE MONDE VIT AU RALENTI.
UNKNOWN SHIP *
ICI HÉLICOPTÈRE DE LA PLATE-FORME OFFSHORE PETROSCOT N°3.
* BATEAU NON IDENTIFIÉ
VOUS APPROCHEZ DE NOTRE ZONE DE SÉCURITÉ. QUI ÊTES-VOUS ?
HÉLICO, ICI IAN LIPINSKI, À BORD DU CLASS40 CRÉDIT MUTUEL.
JE M'APPRÊTE À CONTOURNER LES SHETLAND.

J'EFFECTUE LE TOUR DES ÎLES BRITANNIQUES.
WOW ! JE SUIS UN FAN DE PHIL SHARP ! VOUS ALLEZ BATTRE SON RECORD ?
J'ESPÈRE BIEN !
THE TRANSAT CIC A ÉTÉ ANNULÉE À CAUSE DU COVID. JE TENTE CE DÉFI À LA PLACE.
NOUS NE SOMMES PAS AU COURANT, MAIS...
SI VOUS DEVEZ CONTOURNER LES SHETLAND, FAITES ATTENTION...
JE SAIS, LES VENTS VIOLENTS, LES CHANGEMENTS DE MÉTÉO, LE BROUILLARD...
PHIL M'A PRÉVENU : « LÀ-HAUT, IL N'Y A JAMAIS D'ÉTÉ ! »
Crédit Mutuel
UN ENDROIT QUI N'AURAIT PAS PLU À SAINT-EX.
« AU-DESSOUS DES MERS DE NUAGES, C'EST L'ÉTERNITÉ ».

BON, EN TOUT CAS, N'APPROCHEZ PAS DE NOS INSTALLATIONS.
ALLEZ, AU REVOIR, IAN... ET BON VENT !

15H30.
HÉ, ÇA SECOUE DE PLUS EN PLUS ! JE SUIS SÛRE QU'ON SUIT PAS LE BON CAP...
IAN, TU M'ÉCOUTES ? C'EST LE COVID. RENTRE CHEZ TOI ET ATTENDS DES JOURS MEILLEURS.
ET JE LOUPERAIS DES MOMENTS PAREILS ? AVEC CE VENT, AVEC LA MER QUI TABASSE ?
TU PENSES À TOUS CES GENS QUI SUBISSENT LES RESTRICTIONS, LES CONTRÔLES, LE VIDE SOCIAL ? JE VEUX LEUR APPORTER DE L'AVENTURE ! DU RÊVE !
JE TENTE LE PASSAGE, LOF, IL N'Y A PAS À DISCUTER.
17H00.
ÇA VA PASSER, LOF !
6 JUILLET, MINUIT TRENTE.
ÇA VA PASSER...
05H00.
ON EST PASSÉS ! ON A FRANCHI LES ÎLES SHETLAND !
ON VA FAIRE MOINS QUE LES HUIT JOURS DE PHIL !
À NOUS LE SUD, ET LE RECORD !
NE T'EMBALLE PAS ! ET DOUCEMENT AVEC LE WINCH !!!

ROUTE DU RHUM 2022, 14 NOVEMBRE, AU MILIEU DE LA NUIT
BON, ÇA DEVRAIT TENIR. JE N'AI PLUS QU'À REDESCENDRE POUR ESSAYER.
N'EMPÊCHE QU'ON A PERDU DU TEMPS ! HA !
NOUS FAISONS DE LA COURSE AU LARGE, LOF, PAS DU SPRINT DANS UN STADE. LES « FORTUNES DE MER », ON N'Y ÉCHAPPE PAS.
REGARDE NOTRE TOUR DES ÎLES BRITANNIQUES, IL Y A 2 ANS : MALGRÉ TOUS LES IMPRÉVUS, ON A FINI PAR LE BATTRE, CE RECORD ! ET AVEC 11 HEURES D'AVANCE !
ALLEZ, LOF, J'ENVOIE. CROISE LES DOIGTS.
CROISE LES PALMES, JE VEUX DIRE.
LA TRINQUETTE ARRIVE EN TÊTE ! TU AS RÉUSSI, IAN !
HA ! AU FOND, CE BATEAU, TU LE CONNAIS COMME SI TU L'AVAIS FAIT.
JE L'AI FAIT, ANDOUILLE ! PAS TOUT SEUL, MAIS JE L'AI FAIT.

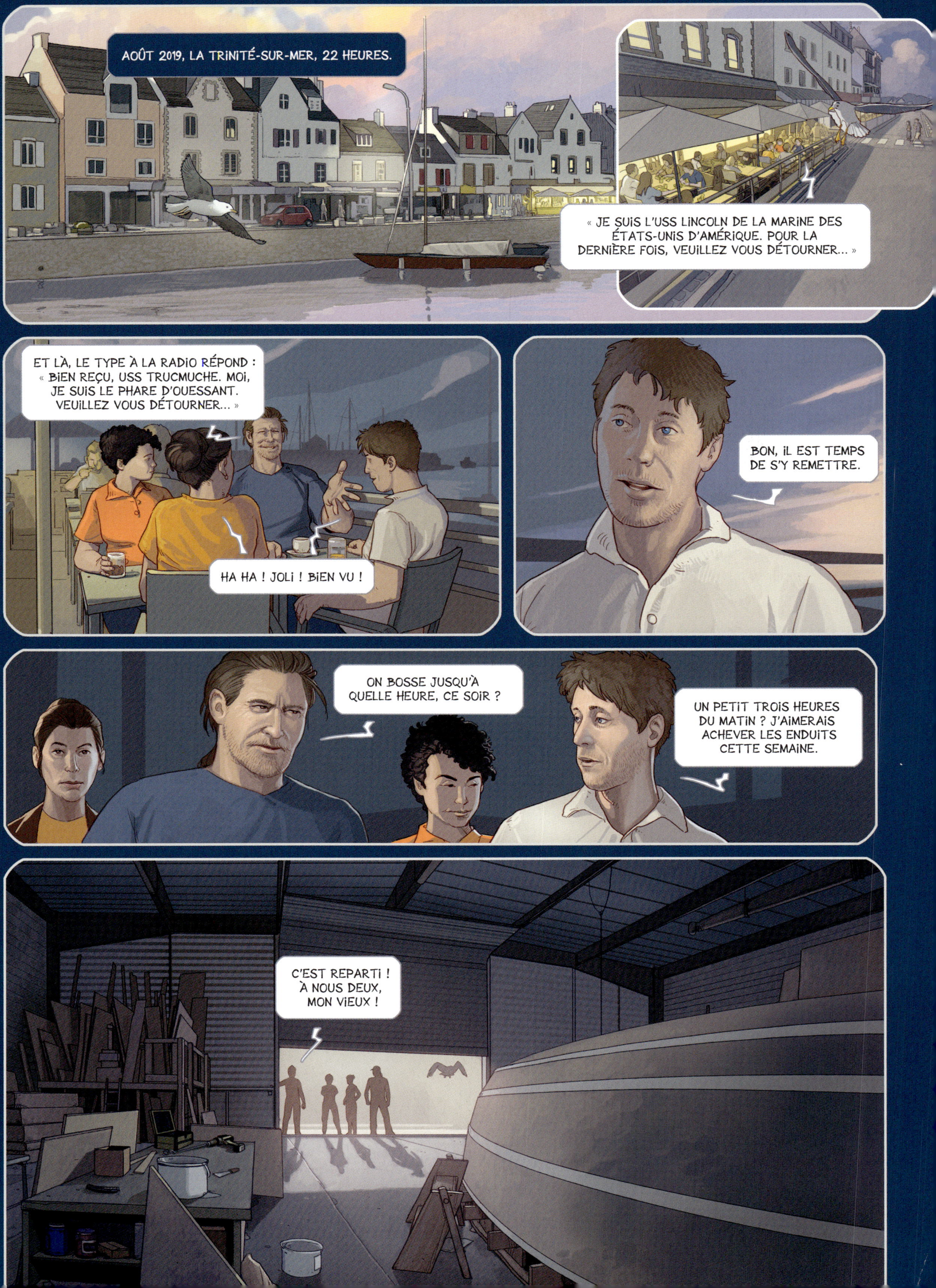
AOÛT 2019, LA TRINITÉ-SUR-MER, 22 HEURES.
« JE SUIS L'USS LINCOLN DE LA MARINE DES ÉTATS-UNIS D'AMÉRIQUE. POUR LA DERNIÈRE FOIS, VEUILLEZ VOUS DÉTOURNER... »
ET LÀ, LE TYPE À LA RADIO RÉPOND : « BIEN REÇU, USS TRUCMUCHE. MOI, JE SUIS LE PHARE D'OUESSANT. VEUILLEZ VOUS DÉTOURNER... »
HA HA ! JOLI ! BIEN VU !
BON, IL EST TEMPS DE S'Y REMETTRE.
ON BOSSE JUSQU'À QUELLE HEURE, CE SOIR ?
UN PETIT TROIS HEURES DU MATIN ? J'AIMERAIS ACHEVER LES ENDUITS CETTE SEMAINE.
C'EST REPARTI ! À NOUS DEUX, MON VIEUX !

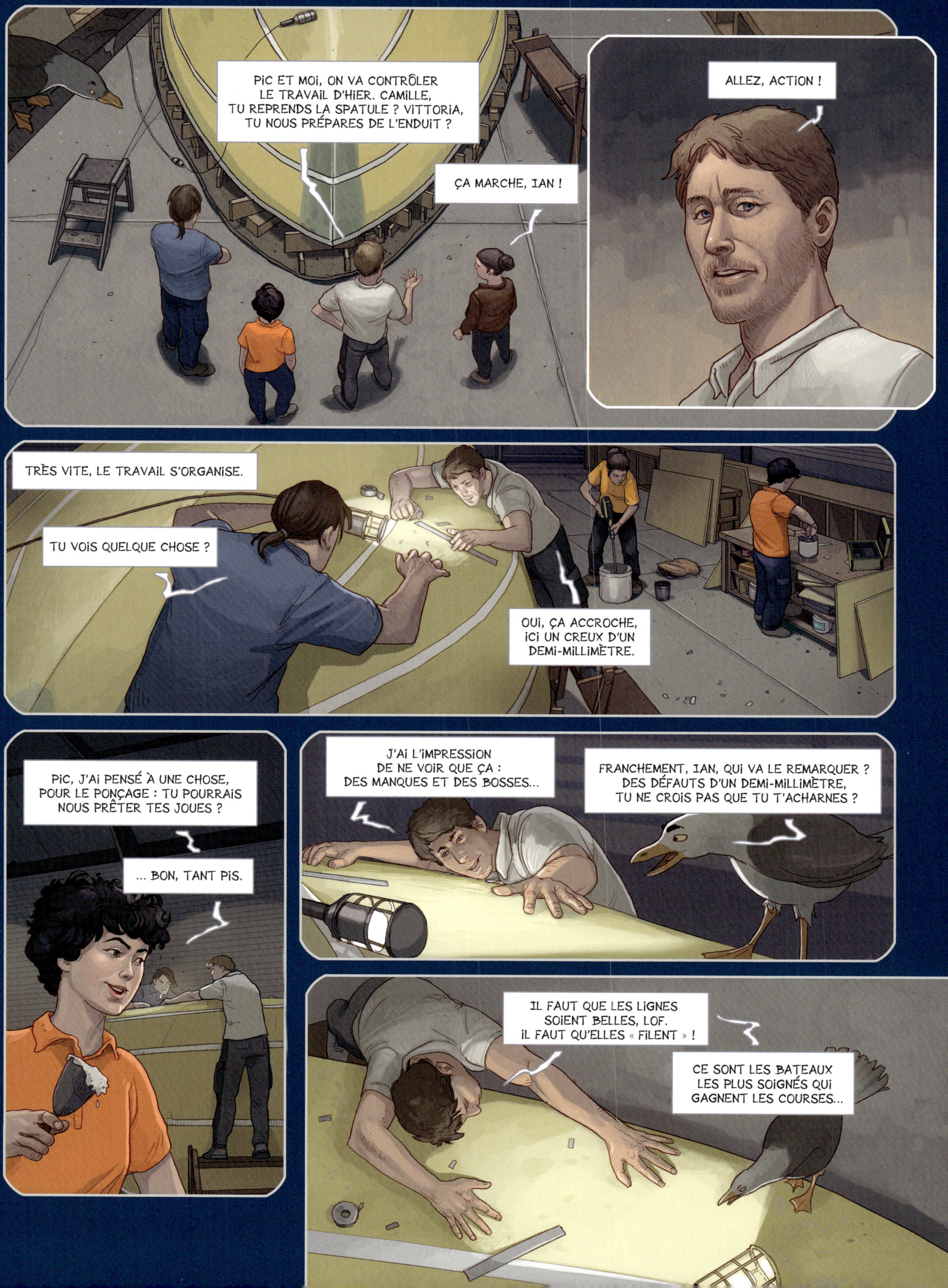
PIC ET MOI, ON VA CONTRÔLER LE TRAVAIL D'HIER. CAMILLE, TU REPRENDS LA SPATULE ? VITTORIA, TU NOUS PRÉPARES DE L'ENDUIT ?
ÇA MARCHE, IAN !
ALLEZ, ACTION !
TRÈS VITE, LE TRAVAIL S'ORGANISE.
TU VOIS QUELQUE CHOSE ?
OUI, ÇA ACCROCHE, ICI UN CREUX D'UN DEMI-MILLIMÈTRE.
PIC, J'AI PENSÉ À UNE CHOSE, POUR LE PONÇAGE : TU POURRAIS NOUS PRÊTER TES JOUES ?
... BON, TANT PIS.
J'AI L'IMPRESSION DE NE VOIR QUE ÇA : DES MANQUES ET DES BOSSES...
FRANCHEMENT, IAN, QUI VA LE REMARQUER ? DES DÉFAUTS D'UN DEMI-MILLIMÈTRE, TU NE CROIS PAS QUE TU T'ACHARNES ?
IL FAUT QUE LES LIGNES SOIENT BELLES, LOF. IL FAUT QU'ELLES « FILENT » !
CE SONT LES BATEAUX LES PLUS SOIGNÉS QUI GAGNENT LES COURSES...

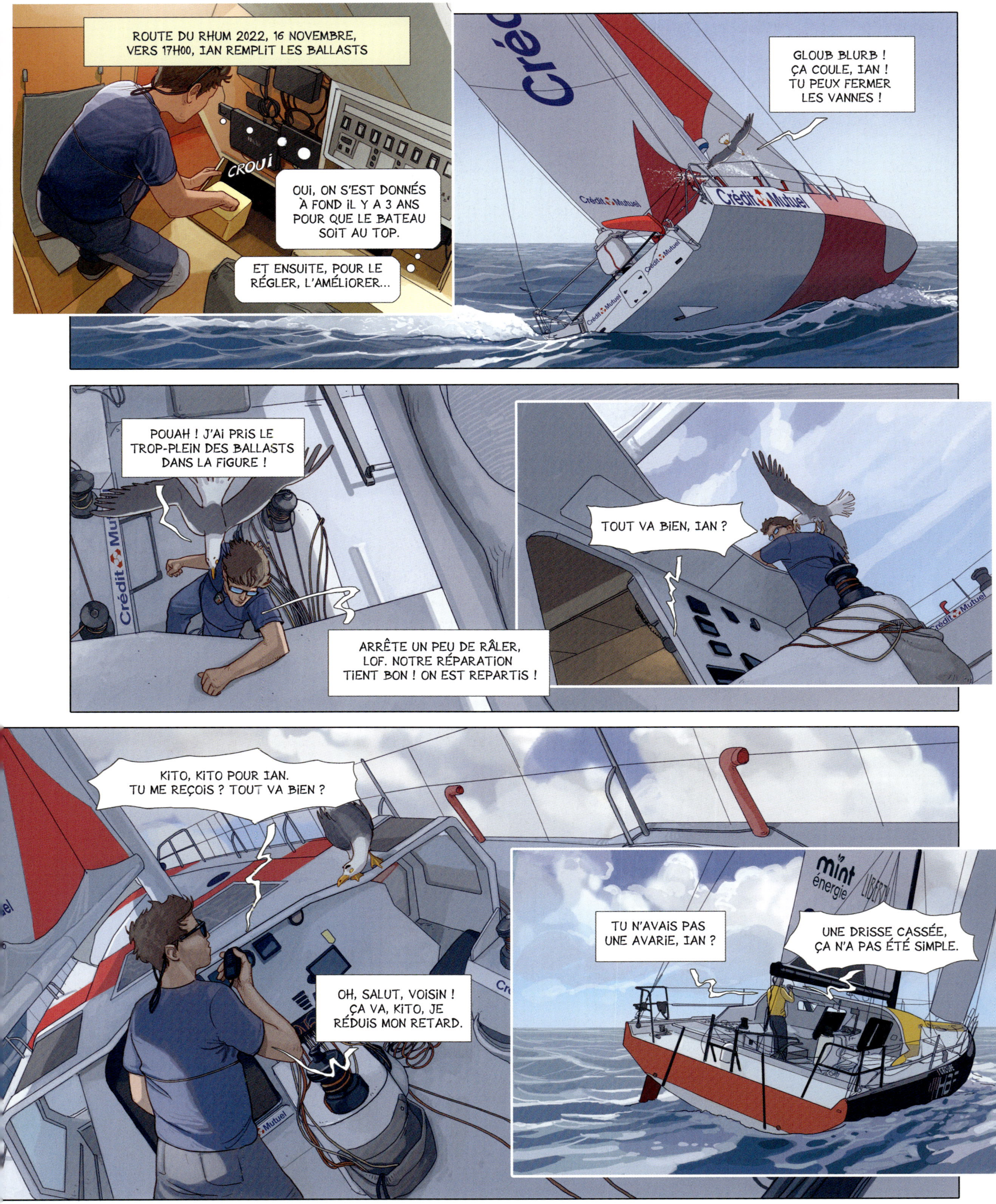
ROUTE DU RHUM 2022, 16 NOVEMBRE, VERS 17H00, IAN REMPLIT LES BALLASTS
CROUI
OUI, ON S'EST DONNÉS À FOND IL Y A 3 ANS POUR QUE LE BATEAU SOIT AU TOP.
ET ENSUITE, POUR LE RÉGLER, L'AMÉLIORER...
GLOUB BLURB ! ÇA COULE, IAN ! TU PEUX FERMER LES VANNES !
POUAH ! J'AI PRIS LE TROP-PLEIN DES BALLASTS DANS LA FIGURE !
ARRÊTE UN PEU DE RÂLER, LOF. NOTRE RÉPARATION TIENT BON ! ON EST REPARTIS !
TOUT VA BIEN, IAN ?
KITO, KITO POUR IAN. TU ME REÇOIS ? TOUT VA BIEN ?
OH, SALUT, VOISIN ! ÇA VA, KITO, JE RÉDUIS MON RETARD.
TU N'AVAIS PAS UNE AVARIE, IAN ?
UNE DRISSE CASSÉE, ÇA N'A PAS ÉTÉ SIMPLE.

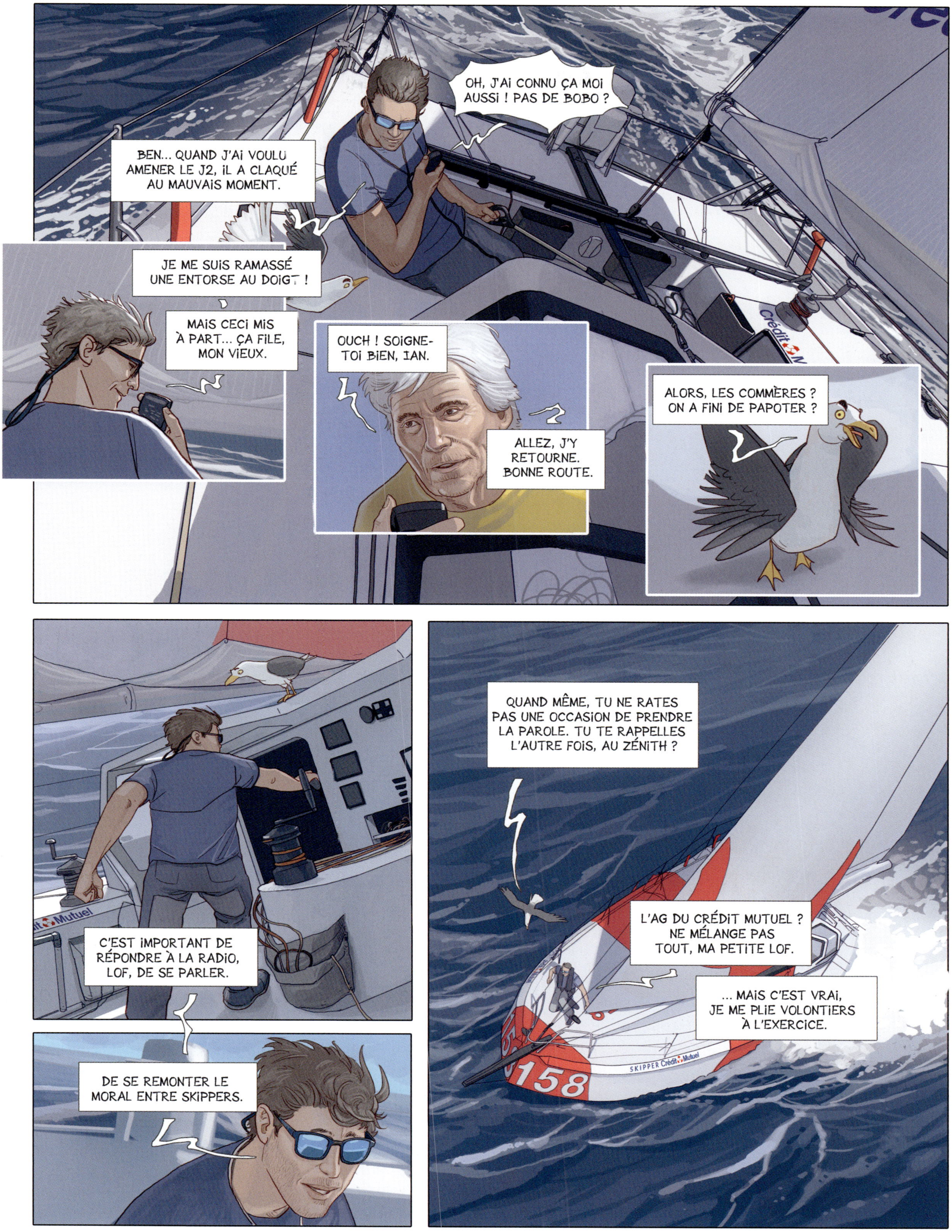
OH, J'AI CONNU ÇA MOI AUSSI ! PAS DE BOBO ?
BEN... QUAND J'AI VOULU AMENER LE J2, IL A CLAQUÉ AU MAUVAIS MOMENT.
JE ME SUIS RAMASSÉ UNE ENTORSE AU DOIGT !
MAIS CECI MIS À PART... ÇA FILE, MON VIEUX.
OUCH ! SOIGNE-TOI BIEN, IAN.
ALLEZ, J'Y RETOURNE. BONNE ROUTE.
ALORS, LES COMMÈRES ? ON A FINI DE PAPOTER ?
C'EST IMPORTANT DE RÉPONDRE À LA RADIO, LOF, DE SE PARLER.
DE SE REMONTER LE MORAL ENTRE SKIPPERS.
QUAND MÊME, TU NE RATES PAS UNE OCCASION DE PRENDRE LA PAROLE. TU TE RAPPELLES L'AUTRE FOIS, AU ZÉNITH ?
L'AG DU CRÉDIT MUTUEL ? NE MÉLANGE PAS TOUT, MA PETITE LOF.
... MAIS C'EST VRAI, JE ME PLIE VOLONTIERS À L'EXERCICE.
158

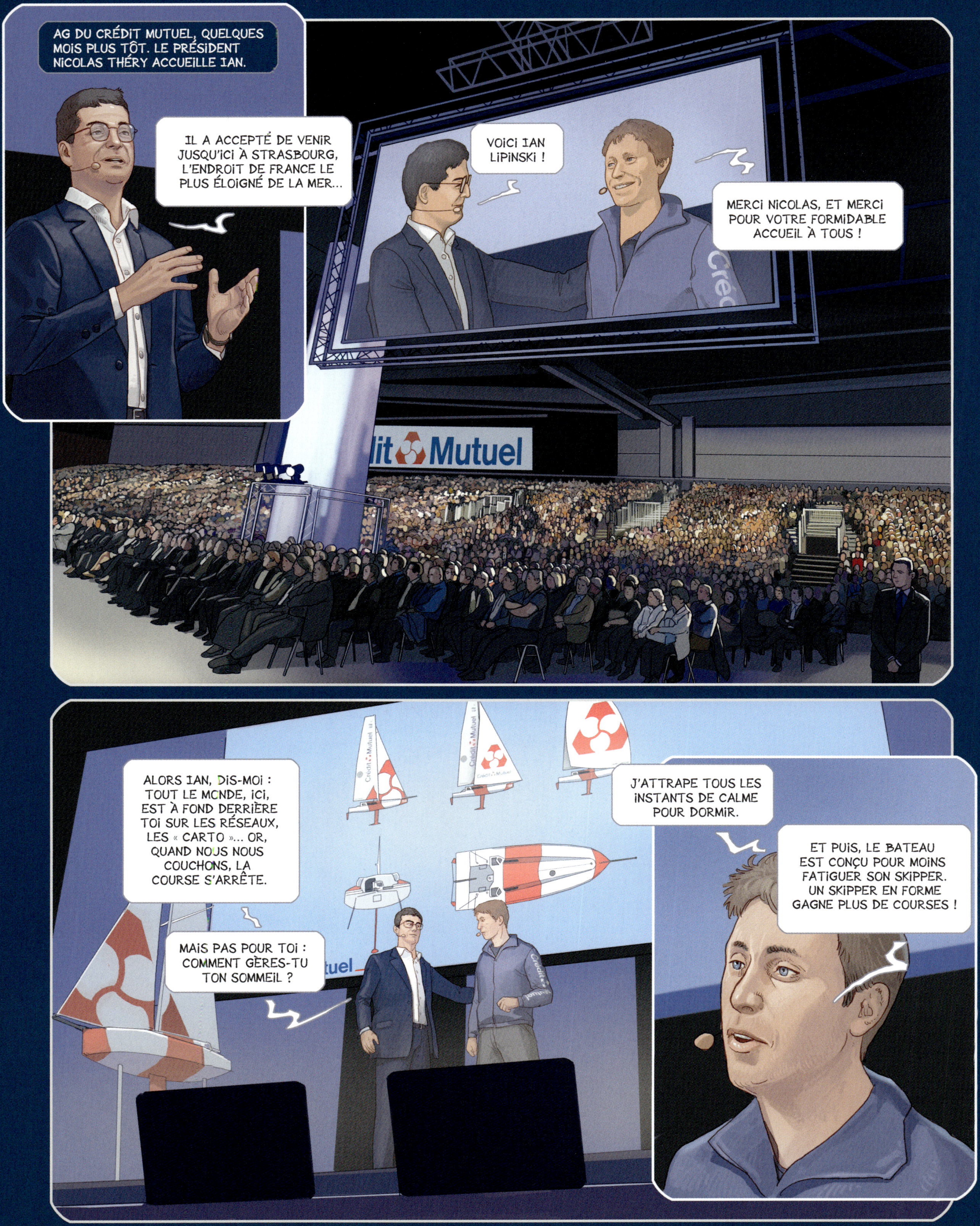
AG DU CRÉDIT MUTUEL, QUELQUES MOIS PLUS TÔT. LE PRÉSIDENT NICOLAS THÉRY ACCUEILLE IAN.
IL A ACCEPTÉ DE VENIR JUSQU'ICI À STRASBOURG, L'ENDROIT DE FRANCE LE PLUS ÉLOIGNÉ DE LA MER...
VOICI IAN LIPINSKI !
MERCI NICOLAS, ET MERCI POUR VOTRE FORMIDABLE ACCUEIL À TOUS !
Mutuel
ALORS IAN, DIS-MOI : TOUT LE MONDE, ICI, EST À FOND DERRIÈRE TOI SUR LES RÉSEAUX, LES « CARTO »... OR, QUAND NOUS NOUS COUCHONS, LA COURSE S'ARRÊTE.
MAIS PAS POUR TOI : COMMENT GÈRES-TU TON SOMMEIL ?
J'ATTRAPE TOUS LES INSTANTS DE CALME POUR DORMIR.
ET PUIS, LE BATEAU EST CONÇU POUR MOINS FATIGUER SON SKIPPER. UN SKIPPER EN FORME GAGNE PLUS DE COURSES !

EN TANT QUE SPECTATEURS D'UNE COURSE, ON TE VOIT TOUJOURS SEUL. ET POURTANT, TU NE L'ES JAMAIS...
NON, EN EFFET : CE BATEAU, C'EST TOUT UN STAFF !
AVANT LA COURSE, JE M'ENTRAÎNE EN SALLE DE SPORT AVEC UNE PRÉPARATRICE, J'ÉCHANGE AVEC LE SERVICE COM'...
EN MER, JE GARDE LE CONTACT AVEC MON DIRECTEUR TECHNIQUE, PIC ; AVEC MON COACH DE COURSE...
AVEC TOI, NICOLAS, OU AVEC DANIEL BAAL. ET PUIS IL Y A MES PROCHES, MON ENTOURAGE.
Crédit Mutuel
CE SONT LES COMPÉTENCES DE TOUS, LEUR ÉNERGIE, LEUR AFFECTION QUI ME PORTENT.
LE VENT QUI ME POUSSE... C'EST EUX.

ROUTE DU RHUM 2022,
17 NOVEMBRE, FIN DE MATINÉE.
OUI, CETTE AG A ÉTÉ MÉMORABLE. MAIS À PRÉSENT, C'EST LE RHUM, ET JE DOIS SOR...
BANG !
BON SANG, IL FAUT QUE J'AILLE VOIR !
IAN ! JE CROIS QU'ON A HEURTÉ QUELQUE CHOSE !
SANS BLAGUE ?!
AVEC CES REMOUS, PAS MOYEN DE VOIR CE QU'ON A PERCUTÉ !

LA CAMÉRA SOUS-MARINE, VITE !
QU'EST-CE QU'ON A HEURTÉ, IAN ?
AUCUNE IDÉE...
UNE CHOSE EST SÛRE : LA QUILLE VIENT DE PRENDRE CHER.
AH OUAIS QUAND MÊME !

JE NE SAIS PAS CE QUE NOUS AVONS HEURTÉ...
... MAIS LE VOILE DE QUILLE EST EXPLOSÉ !

ROUTE DU RHUM 2022, 17 NOVEMBRE. PLUS TARD...
IL NE RÉPOND PAS. IL FAUT POURTANT QUE J'INFORME MON SPONSOR !
TU APPELLES QUI, IAN ?
LAURENT, AU CRÉDIT MUTUEL. CURIEUX, IL M'AVAIT ASSURÉ QU'IL « RESTAIT SUR LE PONT »...
BON, J'ESSAYE PIC EN ATTENDANT
SALUT, MON VIEUX.
ALORS, J'AI UNE MAUVAISE NOUVELLE...
... ET UNE BONNE NOUVELLE ?
BEN NON.
LE VOILE DE QUILLE EST FAUSSÉ. J'AI TAPÉ UN TRUC. JE PENSAIS M'ENCORDER, PLONGER ET POSER UNE PIÈCE PROVISOIRE SUR LES DÉGÂTS.
TROP DANGEREUX, SI TU VEUX MON AVIS. IL VAUT MIEUX CONTINUER AVEC TA QUILLE DÉGLINGUÉE. TANT PIS.
PEUT-ÊTRE QU'UN VENT MIRACULEUX VA TE POUSSER À 20 NOEUDS JUSQU'À LA LIGNE D'ARRIVÉE.
OUAIS...

*NICOLAS THÉRY ET DANIEL BAAL, DIRIGEANTS DU CRÉDIT MUTUEL

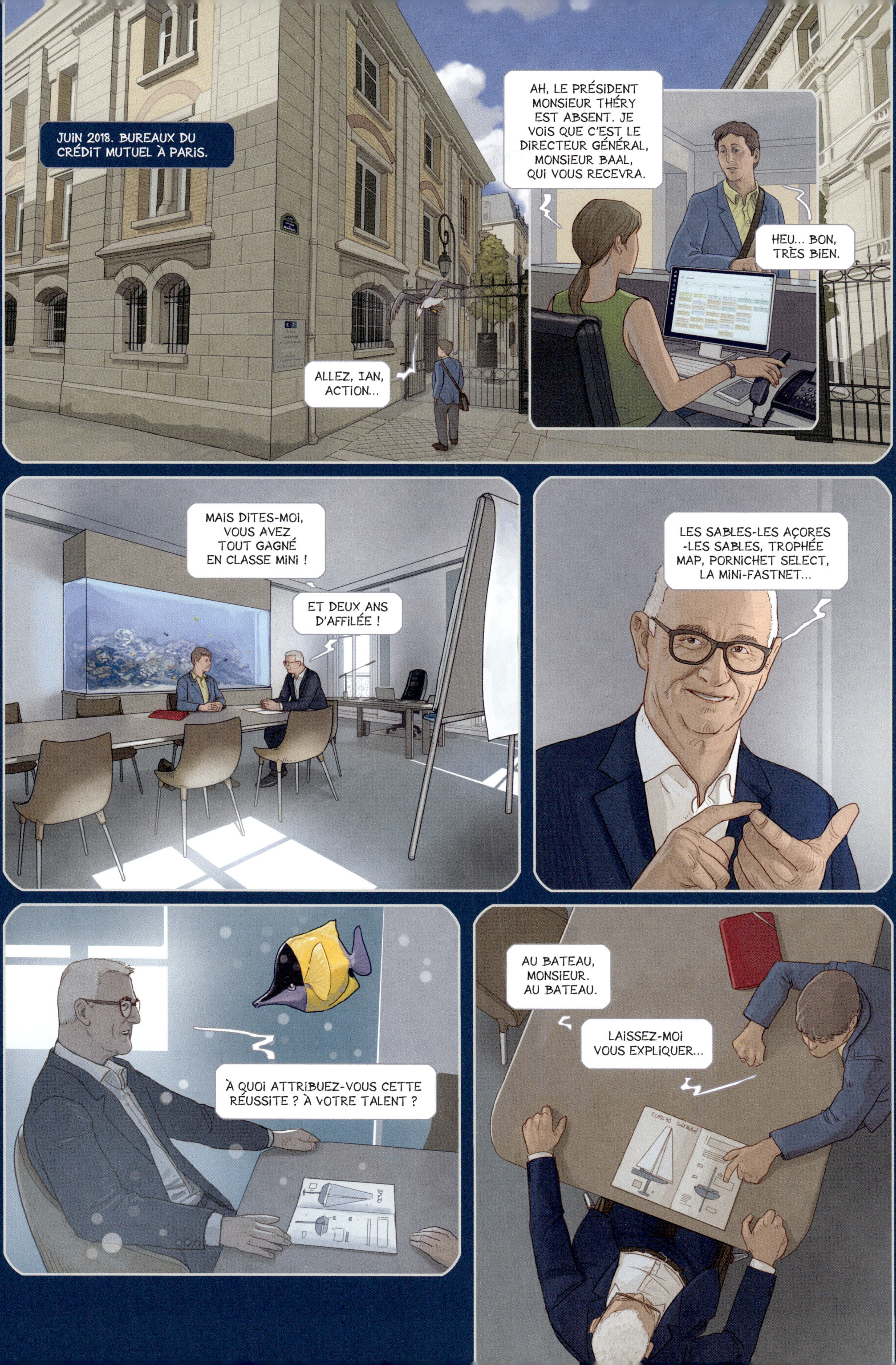

JUIN 2018. BUREAUX DU CRÉDIT MUTUEL À PARIS.
ALLEZ, IAN, ACTION...
AH, LE PRÉSIDENT MONSIEUR THÉRY EST ABSENT. JE VOIS QUE C'EST LE DIRECTEUR GÉNÉRAL, MONSIEUR BAAL, QUI VOUS RECEVRA.
HEU... BON, TRÈS BIEN.
MAIS DITES-MOI, VOUS AVEZ TOUT GAGNÉ EN CLASSE MINI !
ET DEUX ANS D'AFFILÉE !
LES SABLES-LES AÇORES -LES SABLES, TROPHÉE MAP, PORNICHET SELECT, LA MINI-FASTNET...
À QUOI ATTRIBUEZ-VOUS CETTE RÉUSSITE ? À VOTRE TALENT ?
AU BATEAU, MONSIEUR. AU BATEAU.
LAISSEZ-MOI VOUS EXPLIQUER...

VOICI COMMENT L'ARCHITECTE, DAVID RAISON, DESSINE SES BATEAUX.
LÀ, UN ROOF TRÈS ALLONGÉ.
ICI, UN DESSOUS DE COQUE QUI TOUCHE À PEINE L'EAU.
ET PUIS UNE ÉTRAVE TRÈS ARRONDIE.
TOUT CECI DONNE UN BATEAU STABLE PAR GROS TEMPS, QUI EMBARQUE MOINS DE MER ET, DONC, QUI FATIGUE MOINS LE SKIPPER.
MAIS SI ON CONSTRUIT DES BATEAUX POINTUS, C'EST POUR UNE RAISON.
UN BATEAU POINTU VA PLUS VITE, NON ?

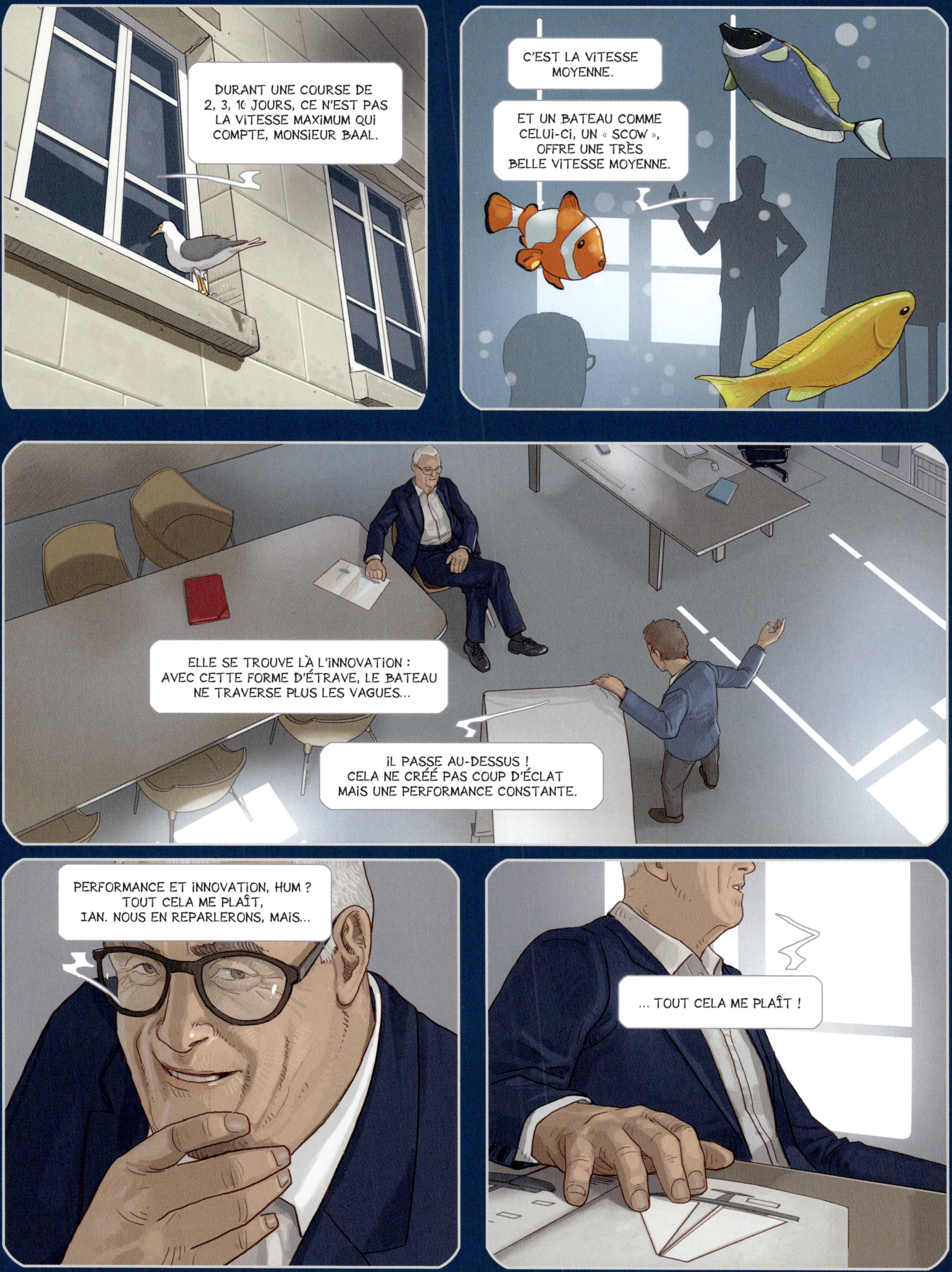
DURANT UNE COURSE DE 2, 3, 10 JOURS, CE N'EST PAS LA VITESSE MAXIMUM QUI COMPTE, MONSIEUR BAAL.
C'EST LA VITESSE MOYENNE.
ET UN BATEAU COMME CELUI-CI, UN « SCOW », OFFRE UNE TRÈS BELLE VITESSE MOYENNE.
ELLE SE TROUVE LÀ L'INNOVATION : AVEC CETTE FORME D'ÉTRAVE, LE BATEAU NE TRAVERSE PLUS LES VAGUES...
IL PASSE AU-DESSUS ! CELA NE CRÉE PAS COUP D'ÉCLAT MAIS UNE PERFORMANCE CONSTANTE.
PERFORMANCE ET INNOVATION, HUM ? TOUT CELA ME PLAÎT, IAN. NOUS EN REPARLERONS, MAIS...
... TOUT CELA ME PLAÎT !

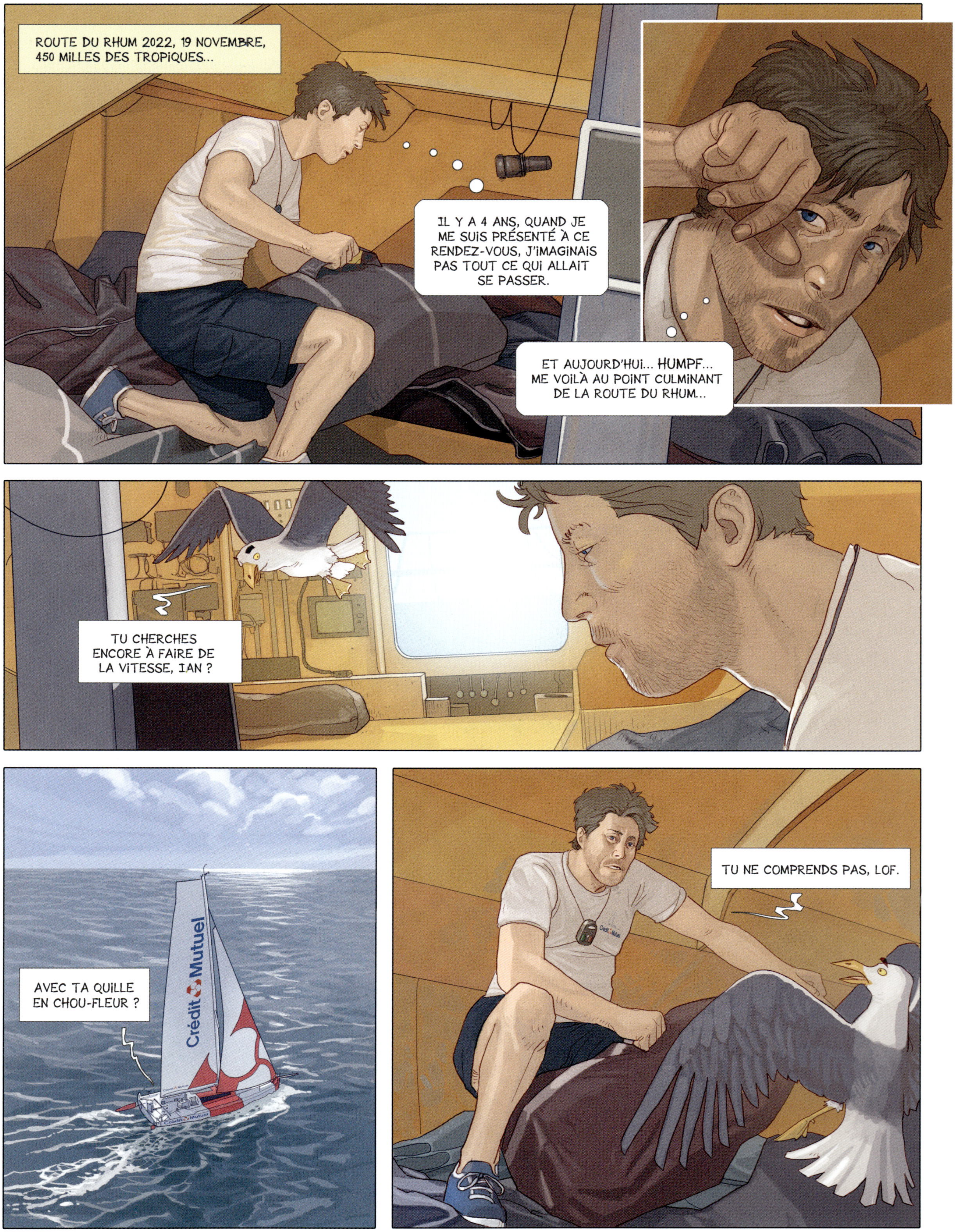
ROUTE DU RHUM 2022, 19 NOVEMBRE, 450 MILLES DES TROPIQUES...
IL Y A 4 ANS, QUAND JE ME SUIS PRÉSENTÉ À CE RENDEZ-VOUS, J'IMAGINAIS PAS TOUT CE QUI ALLAIT SE PASSER.
ET AUJOURD'HUI... HUMPF... ME VOILÀ AU POINT CULMINANT DE LA ROUTE DU RHUM...
TU CHERCHES ENCORE À FAIRE DE LA VITESSE, IAN ?
AVEC TA QUILLE EN CHOU-FLEUR ?
Crédit Mutuel
TU NE COMPRENDS PAS, LOF.

TU NE COMPRENDS PAS LA SOMME DE CHANCES, DE COUPS DE POUCE DU DESTIN QUI M'ONT PLACÉ ICI, À CET ENDROIT DU MONDE, AVEC CE BATEAU SOUS LES PIEDS.
JE DOIS LE MÉRITER, TOUJOURS, JE DOIS MÉRITER CETTE CHANCE.
JE VEUX ALLER AU BOUT DE MOI, ET MÊME PLUS LOIN !
JE VEUX GARDER LE CAP !
OK, OK ! MOI, CE QUE J'EN DIS, C'EST POUR T'AIDER...
LOF, TOUS MES COPAINS SKIPPERS NAVIGUENT EN SOLITAIRE, JE VEUX DIRE VRAIMENT EN SOLITAIRE.
POURQUOI JE DOIS, MOI, SUPPORTER UN GOÉLAND IMAGINAIRE ET RÂLEUR ?

JE SUIS... TA PRUDENCE, IAN. TES MÉCANISMES DE DÉFENSE.
JE M'Y PRENDS MAL, JE SAIS...
Cré
... MAIS TOUT CE QUE JE DÉSIRE, C'EST QUE TOUT AILLE BIEN POUR TOI.
ÇA FAIT COMBIEN DE TEMPS QU'ON SE CONNAÎT, LOF ? DES ANNÉES, NON ?
DES ANNÉES ?
DEPUIS TOUJOURS, OUI !

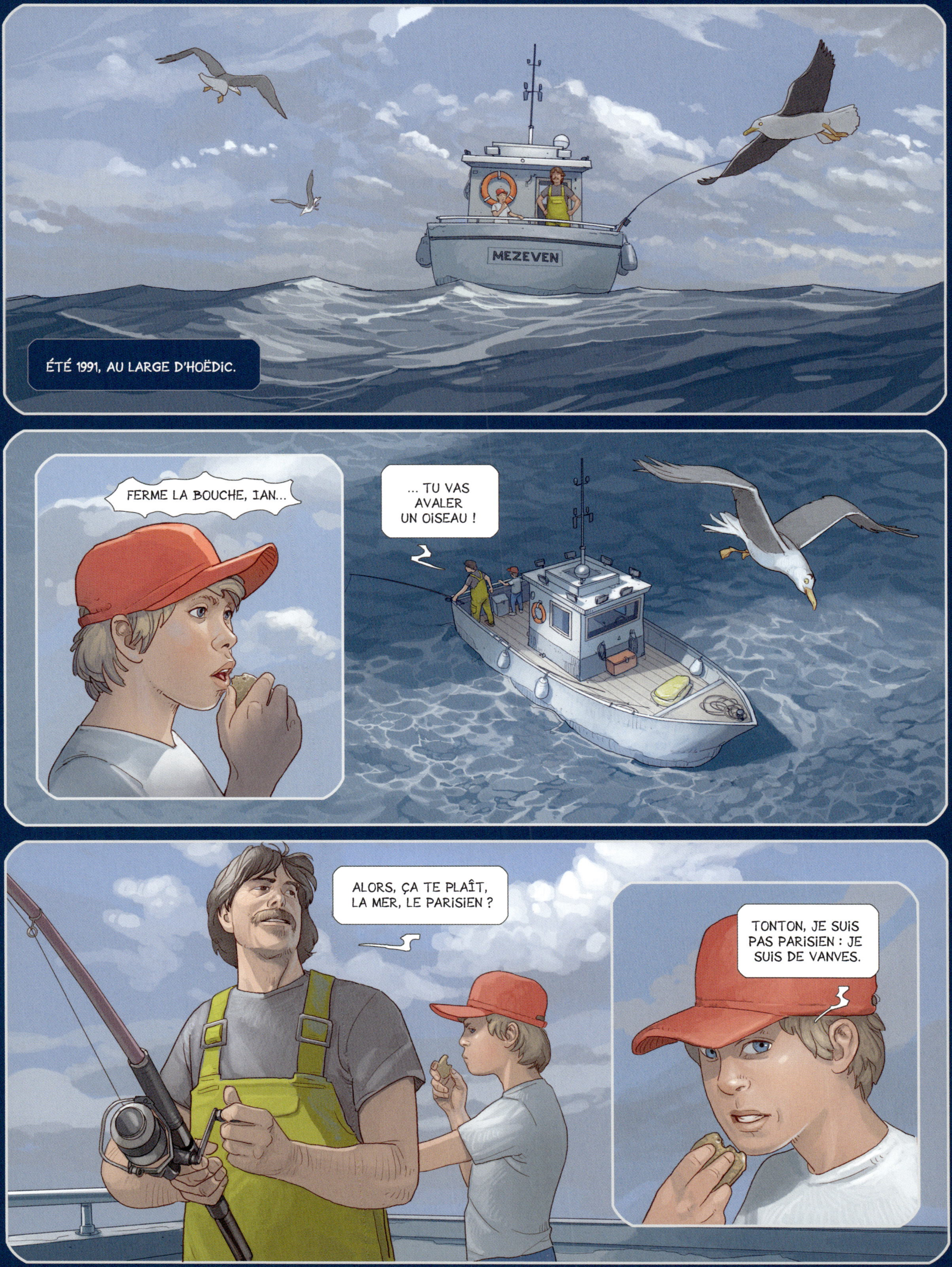
MEZEVEN
ÉTÉ 1991, AU LARGE D'HOËDIC.
FERME LA BOUCHE, IAN...
... TU VAS AVALER UN OISEAU !
ALORS, ÇA TE PLAÎT, LA MER, LE PARISIEN ?
TONTON, JE SUIS PAS PARISIEN : JE SUIS DE VANVES.

TIENS, REMETS UN PEU LES GAZ.
LE BAR EST UNE BÊTE IMPRÉVISIBLE : ON DOIT VARIER NOS TACTIQUES.
AH CH'EST HYPER CLACHE, LE BATEAU, LA PÊCHE !
IL FAUT GÉRER TROOOP DE TRUCS, MAIS...
... CH'EST L'AVENTURE, TONTON !
TAC
C'EST...
SALE BÊTE ! ÉCORNIFLEUR ! PALMIPÈDE ! MOUETTE D'EAU DOUCE !
T'EN FAIS PAS, TONTON. DES GÂTEAUX, IL EN RESTE PLEIN.
ET PUIS, ON NE REVERRA JAMAIS CE GOÉLAND.
NON, ON LE REVERRA JAMAIS...

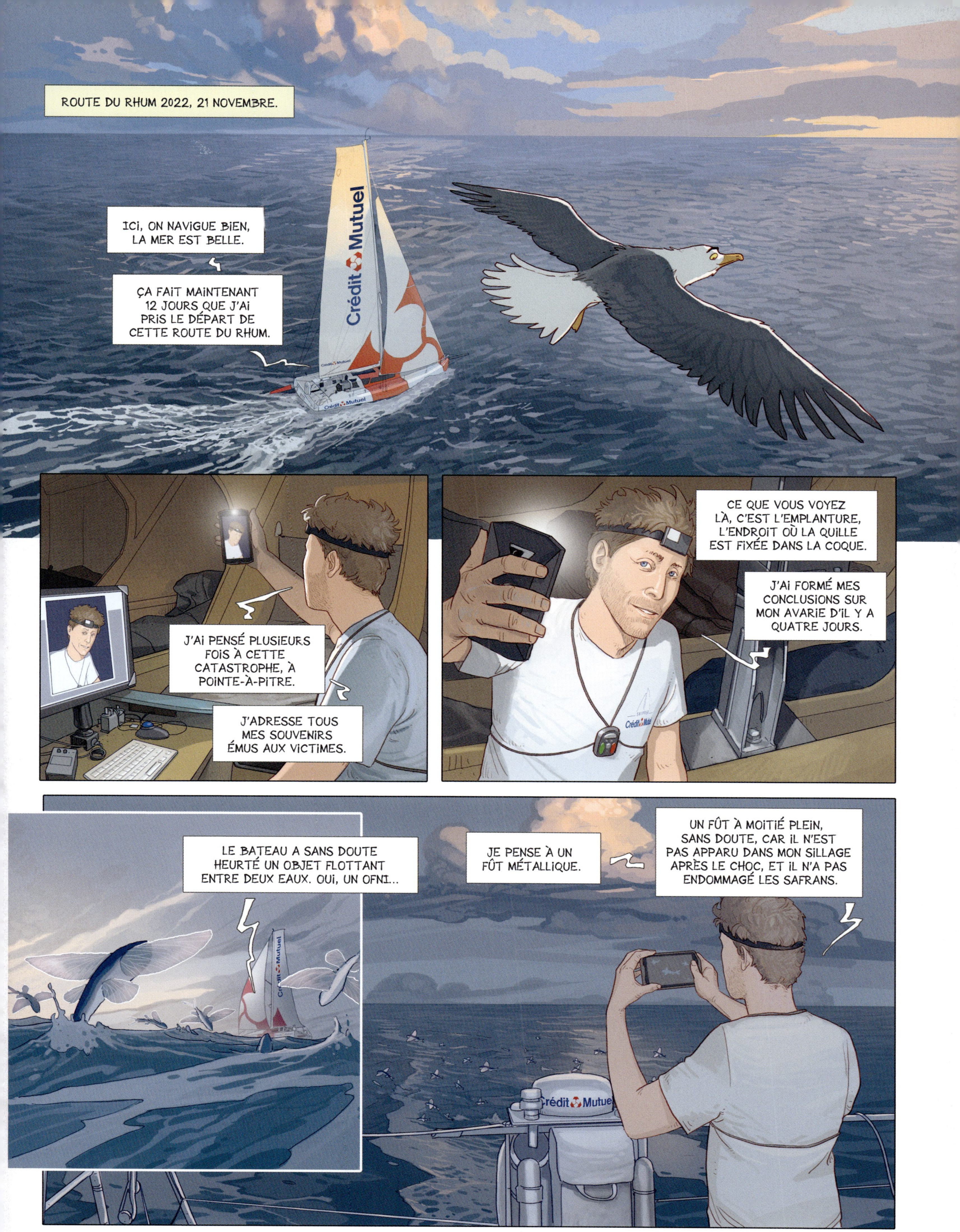
ROUTE DU RHUM 2022, 21 NOVEMBRE.
ICI, ON NAVIGUE BIEN, LA MER EST BELLE.
ÇA FAIT MAINTENANT 12 JOURS QUE J'AI PRIS LE DÉPART DE CETTE ROUTE DU RHUM.
Crédit Mutuel
J'AI PENSÉ PLUSIEURS FOIS À CETTE CATASTROPHE, À POINTE-À-PITRE.
J'ADRESSE TOUS MES SOUVENIRS ÉMUS AUX VICTIMES.
CE QUE VOUS VOYEZ LÀ, C'EST L'EMPLANTURE, L'ENDROIT OÙ LA QUILLE EST FIXÉE DANS LA COQUE.
J'AI FORMÉ MES CONCLUSIONS SUR MON AVARIE D'IL Y A QUATRE JOURS.
LE BATEAU A SANS DOUTE HEURTÉ UN OBJET FLOTTANT ENTRE DEUX EAUX. OUI, UN OFNI...
JE PENSE À UN FÛT MÉTALLIQUE.
UN FÛT À MOITIÉ PLEIN, SANS DOUTE, CAR IL N'EST PAS APPARU DANS MON SILLAGE APRÈS LE CHOC, ET IL N'A PAS ENDOMMAGÉ LES SAFRANS.

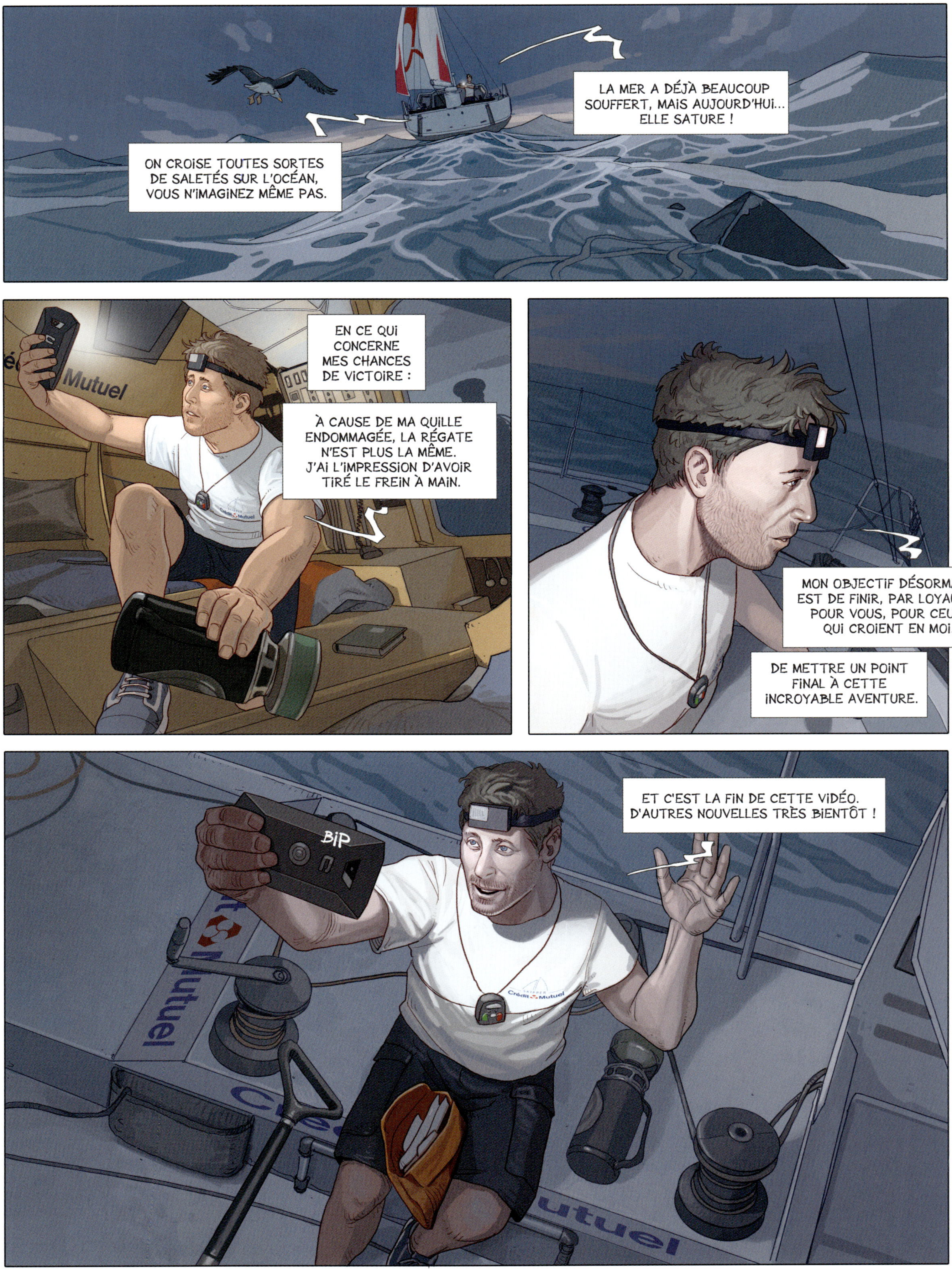
ON CROISE TOUTES SORTES DE SALETÉS SUR L'OCÉAN, VOUS N'IMAGINEZ MÊME PAS.
LA MER A DÉJÀ BEAUCOUP SOUFFERT, MAIS AUJOURD'HUI... ELLE SATURE !
EN CE QUI CONCERNE MES CHANCES DE VICTOIRE :
À CAUSE DE MA QUILLE ENDOMMAGÉE, LA RÉGATE N'EST PLUS LA MÊME. J'AI L'IMPRESSION D'AVOIR TIRÉ LE FREIN À MAIN.
MON OBJECTIF DÉSORMAIS EST DE FINIR, PAR LOYAUTÉ POUR VOUS, POUR CEUX QUI CROIENT EN MOI.
DE METTRE UN POINT FINAL À CETTE INCROYABLE AVENTURE.
BIP
ET C'EST LA FIN DE CETTE VIDÉO. D'AUTRES NOUVELLES TRÈS BIENTÔT !

« LA TERRE ÉTAIT TENDUE D'APPELS LUMINEUX, CHAQUE MAISON ALLUMANT SON ÉTOILE, FACE À L'IMMENSE NUIT... »*
TE VOILÀ POÈTE, MAINTENANT, IAN ?
J'AIMERAIS BIEN AVOIR ÉCRIT ÇA, LOF. MAIS C'EST, LÀ ENCORE, DU SAINT-EX.
FRA 158
Crédit Mutuel

*VOL DE NUIT.

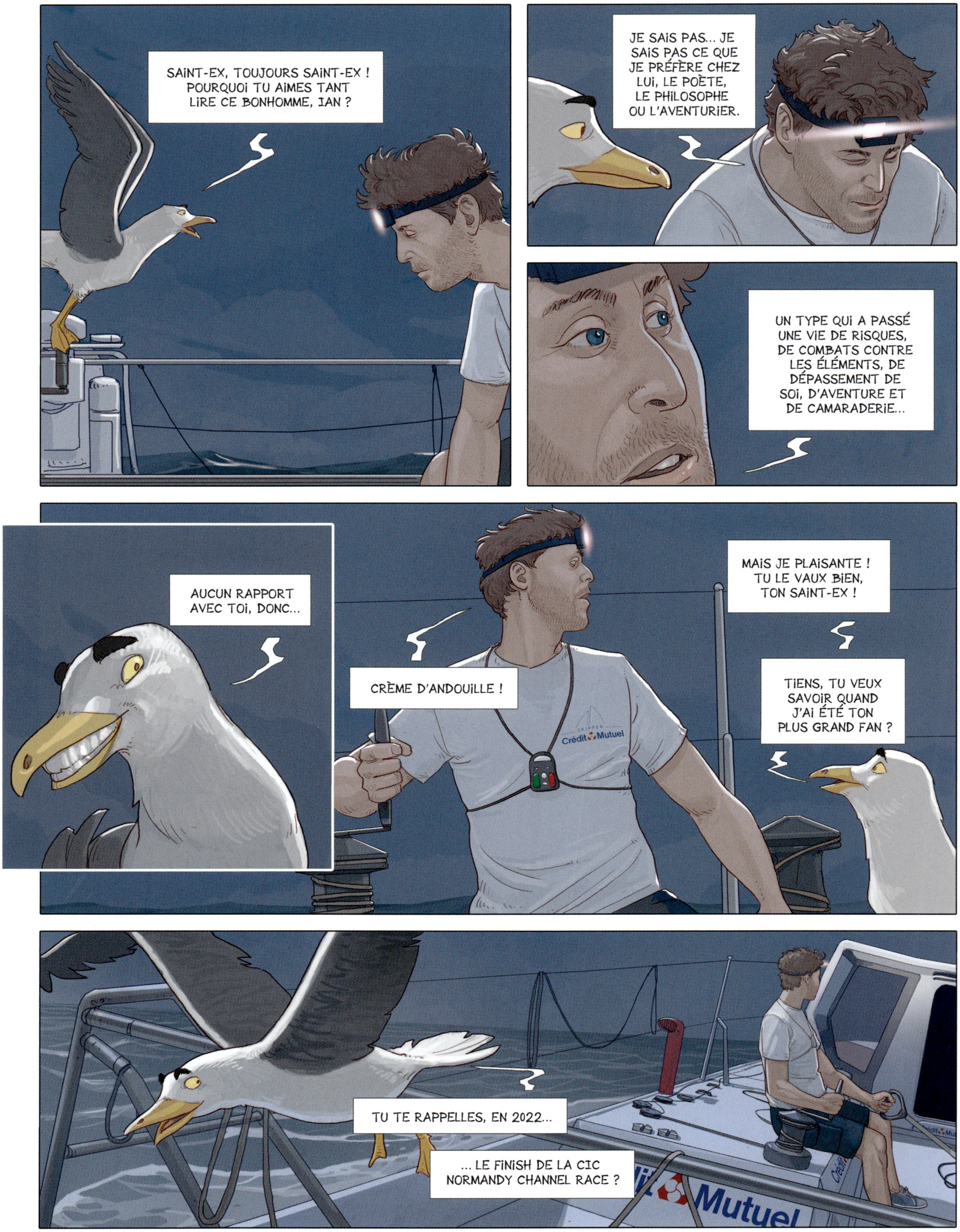
SAINT-EX, TOUJOURS SAINT-EX ! POURQUOI TU AIMES TANT LIRE CE BONHOMME, IAN ?
JE SAIS PAS… JE SAIS PAS CE QUE JE PRÉFÈRE CHEZ LUI, LE POÈTE, LE PHILOSOPHE OU L'AVENTURIER.
UN TYPE QUI A PASSÉ UNE VIE DE RISQUES, DE COMBATS CONTRE LES ÉLÉMENTS, DE DÉPASSEMENT DE SOI, D'AVENTURE ET DE CAMARADERIE…
AUCUN RAPPORT AVEC TOI, DONC…
CRÈME D'ANDOUILLE !
MAIS JE PLAISANTE ! TU LE VAUX BIEN, TON SAINT-EX !
TIENS, TU VEUX SAVOIR QUAND J'AI ÉTÉ TON PLUS GRAND FAN ?
TU TE RAPPELLES, EN 2022…
… LE FINISH DE LA CIC NORMANDY CHANNEL RACE ?

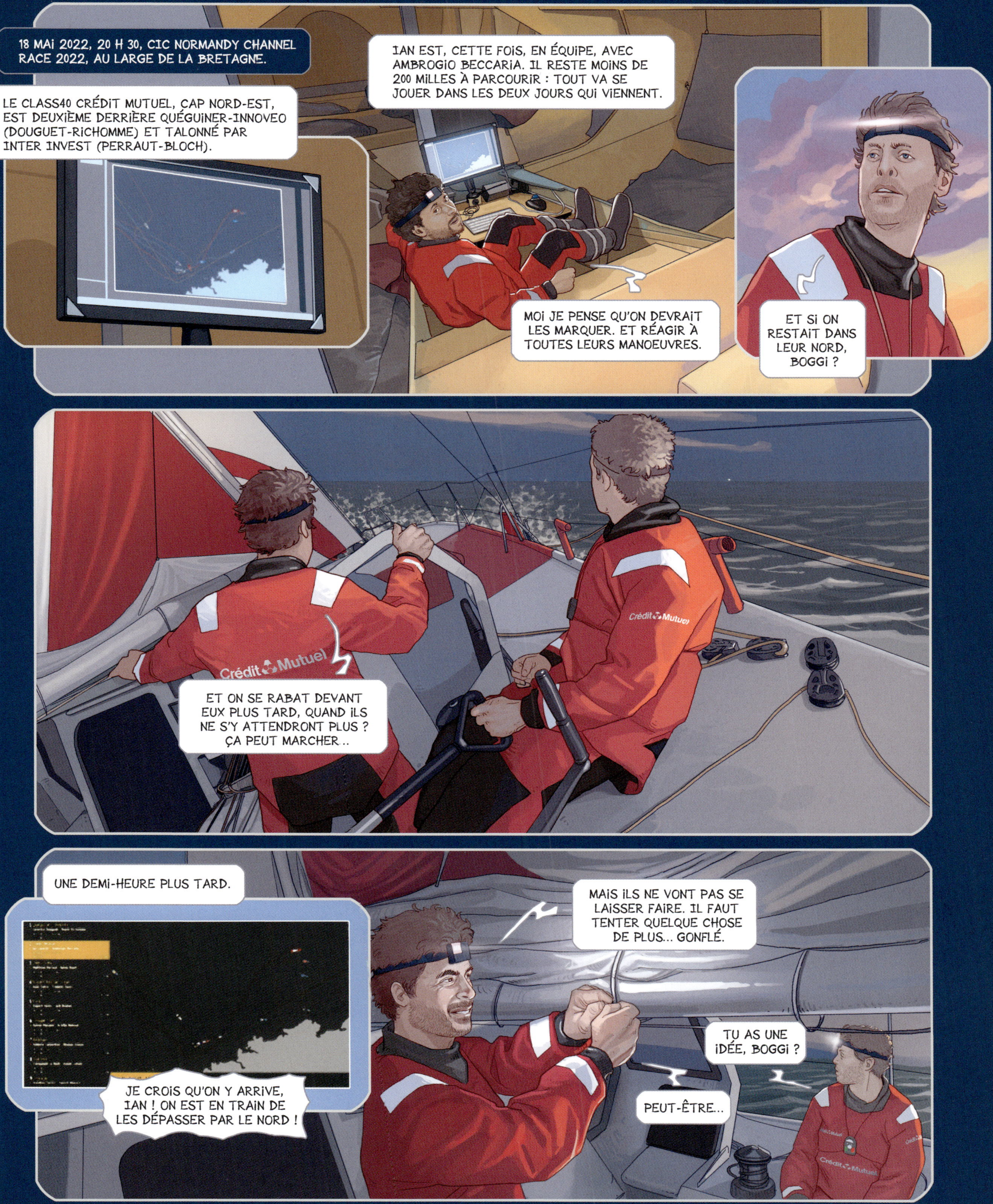
18 MAI 2022, 20 H 30, CIC NORMANDY CHANNEL RACE 2022, AU LARGE DE LA BRETAGNE.
LE CLASS40 CRÉDIT MUTUEL, CAP NORD-EST, EST DEUXIÈME DERRIÈRE QUÉGUINER-INNOVEO (DOUGUET-RICHOMME) ET TALONNÉ PAR INTER INVEST (PERRAUT-BLOCH).
IAN EST, CETTE FOIS, EN ÉQUIPE, AVEC AMBROGIO BECCARIA. IL RESTE MOINS DE 200 MILLES À PARCOURIR : TOUT VA SE JOUER DANS LES DEUX JOURS QUI VIENNENT.
MOI JE PENSE QU'ON DEVRAIT LES MARQUER. ET RÉAGIR À TOUTES LEURS MANOEUVRES.
ET SI ON RESTAIT DANS LEUR NORD, BOGGI ?
ET ON SE RABAT DEVANT EUX PLUS TARD, QUAND ILS NE S'Y ATTENDRONT PLUS ? ÇA PEUT MARCHER...
UNE DEMI-HEURE PLUS TARD.
JE CROIS QU'ON Y ARRIVE, IAN ! ON EST EN TRAIN DE LES DÉPASSER PAR LE NORD !
MAIS ILS NE VONT PAS SE LAISSER FAIRE. IL FAUT TENTER QUELQUE CHOSE DE PLUS... GONFLÉ.
TU AS UNE IDÉE, BOGGI ?
PEUT-ÊTRE...

19 MAI, 4 H 50.
ALLER AU NORD POUR CHERCHER DE MEILLEURS VENTS, C'ÉTAIT LA BONNE IDÉE, BOGGI.
OUI, MAIS ILS NE NOUS LÂCHENT PAS...
DEPUIS PLUSIEURS HEURES, LE CLASS40 CRÉDIT MUTUEL FAIT ROUTE NORD-EST, VERS LE CENTRE DE LA MANCHE, TOUJOURS EN PELOTON AVEC QUÉGUINER ET INTER INVEST.
C'EST PAS BIEN GRAVE, BOGGI. ON A DÉJÀ LARGUÉ TOUS LES AUTRES.
CES DEUX-LÀ, QUÉGUINER ET INTER INVEST, ON LES AURA AU PASSAGE DE GUERNESEY.
D'AILLEURS, IL FAUT QU'ON EMPANNE, CAP SUD-EST. ON Y VA ?
ÇA MARCHE, JE VAIS ROULER LA TRINQUETTE.
JE M'OCCUPE DU SAFRAN.
ET LE CLASS40 CRÉDIT MUTUEL OBLIQUE VERS LE SUD-EST ET LES ÎLES ANGLO-NORMANDES, BIENTÔT SUIVI PAR SES DEUX ADVERSAIRES.

19 MAI, 10 H 00, 5 MILLES AU SUD DE GUERNESEY.
LE PARCOURS DE LA COURSE IMPOSE DE PASSER ENTRE GUERNESEY ET SERCQ. LE CRÉDIT MUTUEL EFFECTUE SON VIRAGE VERS LE NORD-EST.
ON A EMPANNÉ TROP TÔT, IAN, J'EN SUIS SÛR !
CE QUI EST FAIT EST FAIT, BOGGI ! ON Y VA À FOND !
11 H 20. LE CRÉDIT MUTUEL PASSE À MOINS DE 2 MILLES DE L'ÎLE D'HERM.
REGARDE-LES !
OH, JE LES VOIS... SATANÉS IAN ET AMBROGIO, ILS SONT EN TRAIN DE RAFLER LA MISE !
14 H 30. LE CRÉDIT MUTUEL, AU SORTIR DU DÉTROIT, A PRIS L'AVANTAGE SUR TOUS LES CONCURRENTS.
BIEN JOUÉ, BOGGI ! SI ON ARRIVE À PASSER AVANT LA RENVERSE DE COURANT AU RAZ BLANCHARD, ON GARDERA NOTRE AVANCE.
MOI JE DIS QUE C'EST JOUABLE !

20 MAI, 4 H 26.
LE CLASS40 CRÉDIT MUTUEL ENTRE DANS LE CANAL QUI MÈNE À CAEN-LA-MER.
IL EST LE PREMIER ARRIVÉ.
TOUT LE MONDE EST LÀ, MA PAROLE !
EH BIEN, JE CROIS QU'ON A GAGNÉ...
CERTO CHE SÌ, RAGAZZO MIO.
LE LENDEMAIN APRÈS-MIDI...
JE VOUS DEMANDE D'APPLAUDIR NOS DEUX VAINQUEURS !
CLASS 40
CIC NORMANDY Channel RACE
OUI, LOF, C'EST VRAI QUE CETTE COURSE A ÉTÉ MÉMORABLE.
AVEC AMBROGIO, NOUS AVONS ÉCRIT ENSEMBLE UNE DES PLUS BELLES PAGES DE NOS DEUX CARRIÈRES...

ROUTE DU RHUM 2022, 26 NOVEMBRE, 22 H. QUAIS DE POINTE-À-PITRE.
ET MAINTENANT, SIX MOIS APRÈS CETTE VICTOIRE DANS LA MANCHE, ET ALORS QUE JE TERMINE LE « RHUM », JE LE CONFIRME, LOF :
CES QUATRE ANNÉES SUR CE BATEAU ONT ÉTÉ UNE MAGNIFIQUE AVENTURE !
158
BON, JE TE LAISSE À TES RETROUVAILLES...
IAN ! BRAVO IAN !
ROGER FANFANT, POUR SPORT-CARAÏBES : IAN, VOUS N'AVEZ PAS GAGNÉ CETTE COURSE, C'EST VRAI, MAIS...
... VOUS AVEZ PARCOURU BEAUCOUP PLUS DE DISTANCE, ET AVEC UNE EXCELLENTE MOYENNE DE 10,6 NOEUDS !
VOUS ÊTES ARRIVÉ EN GUADELOUPE, ET VOUS AVEZ FINI LA ROUTE DU RHUM !
ALORS, IAN, ON PARLE D'UN FUTUR BATEAU ? DU « RHUM » 2026... ?
CE MATIN, JE VEUX SURTOUT SERRER MES ENFANTS DANS MES BRAS ET FÉLICITER LES COPAINS.
PROFITEZ, LES AMIS, ET SAVOUREZ CETTE ARRIVÉE BIEN MÉRITÉE !

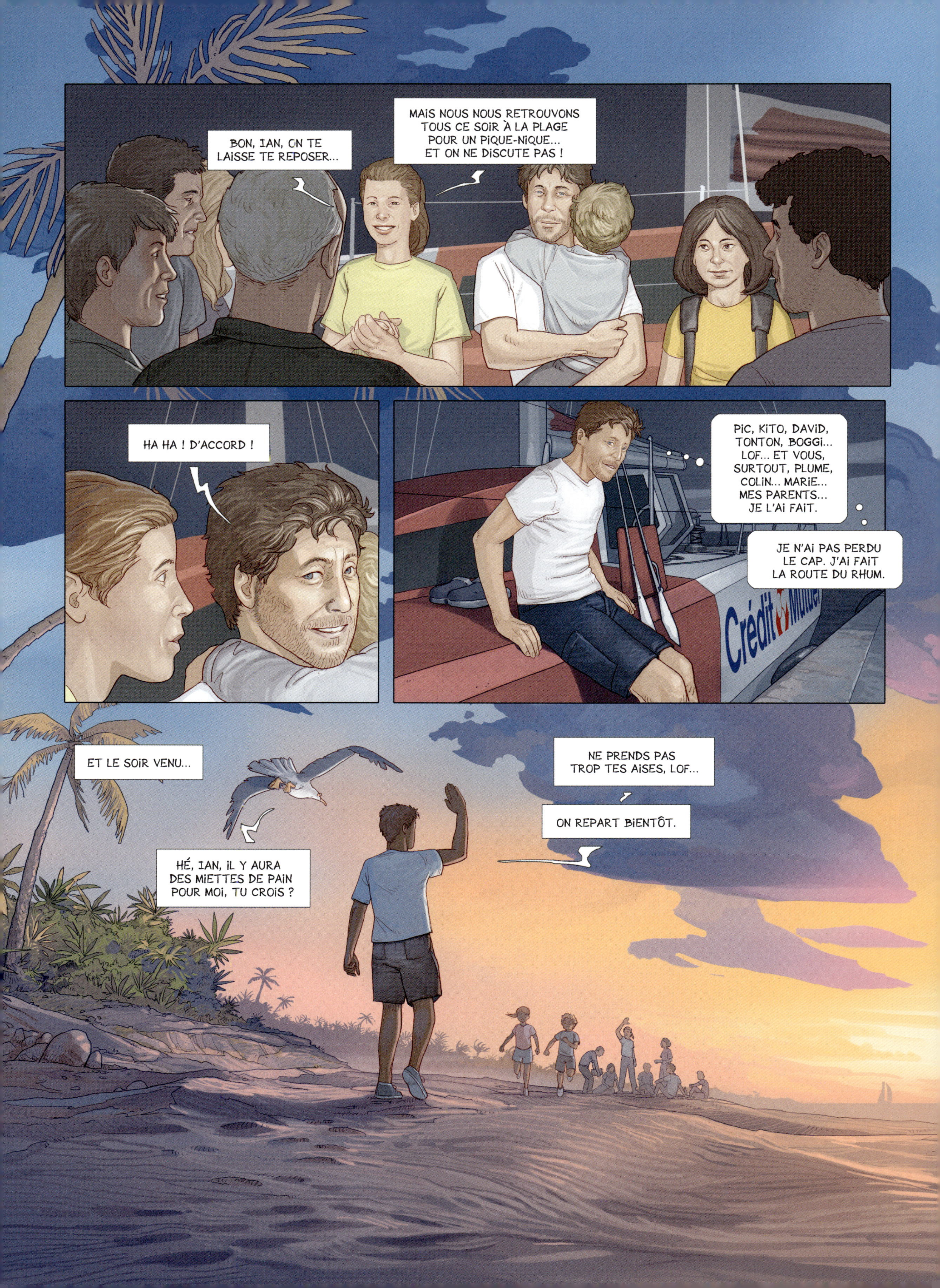
BON, IAN, ON TE LAISSE TE REPOSER...
MAIS NOUS NOUS RETROUVONS TOUS CE SOIR À LA PLAGE POUR UN PIQUE-NIQUE... ET ON NE DISCUTE PAS !
HA HA ! D'ACCORD !
PIC, KITO, DAVID, TONTON, BOGGI... LOF... ET VOUS, SURTOUT, PLUME, COLIN... MARIE... MES PARENTS... JE L'AI FAIT.
JE N'AI PAS PERDU LE CAP. J'AI FAIT LA ROUTE DU RHUM.
Crédit Mutuel
ET LE SOIR VENU...
HÉ, IAN, IL Y AURA DES MIETTES DE PAIN POUR MOI, TU CROIS ?
NE PRENDS PAS TROP TES AISES, LOF...
ON REPART BIENTÔT.

NAVIGUER À LA VOILE

Se servir du vent

La navigation à voile est l'un des plus anciens moyens de déplacement sur l'eau. Depuis des millénaires que l'on fixe des tissus sur des mâts pour faire avancer des bateaux, certains aspects ont eu le temps d'évoluer. D'autres... non.

L'orientation du bateau par rapport au vent est appelée l'« allure ». Quel que soit le niveau de technologie, il lui est impossible de naviguer avec un vent de face. Si le vent est contraire et empêche le voilier d'aller droit vers sa destination, celui-ci est obligé d'effectuer des zigzags, de « louvoyer ».

Une panoplie de voiles

Sur un bateau comme le Class40 Crédit Mutuel, chaque allure réclame une autre configuration de voiles. La voile en arrière du mât, la « grand-voile », peut être hissée à 4 hauteurs différentes ; sur l'avant, le Class40 Crédit Mutuel peut porter 7 types de voiles différentes, plus ou moins efficaces selon la direction et la force du vent. Pour cette raison, on voit souvent, dans cet album, Ian changer ou régler sa voilure.

Le marin talentueux cherche les meilleurs compromis entre cap et vitesse. La route la plus rapide est rarement la plus courte... Ce grand jeu de stratégie, d'observation, de calculs puis de déchaînements de vitesse, c'est ce qui fait le sel de la course au large et qui passionne toujours le grand public. Dans ce domaine, Ian Lipinski et son Class40 Crédit Mutuel forment une excellente équipe !

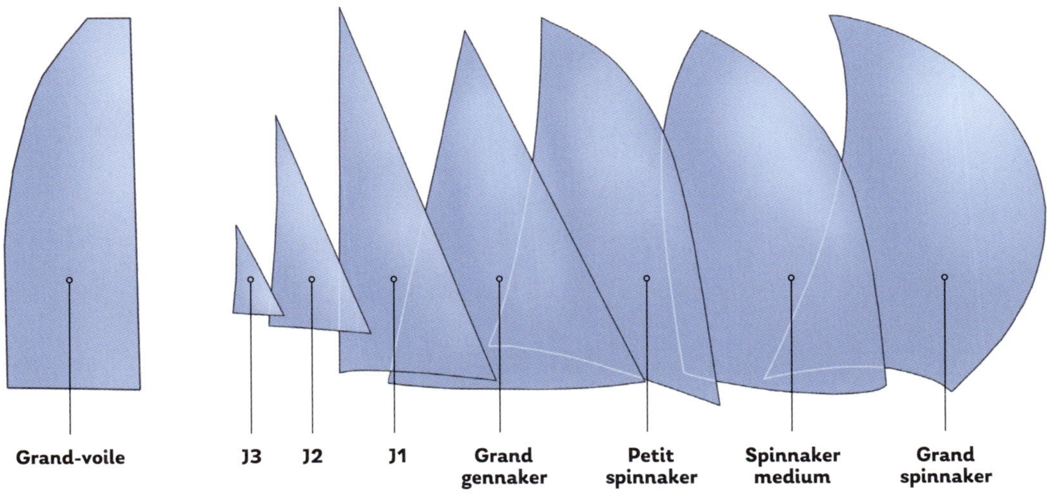

Le jeu de voiles du Class40 Crédit Mutuel.

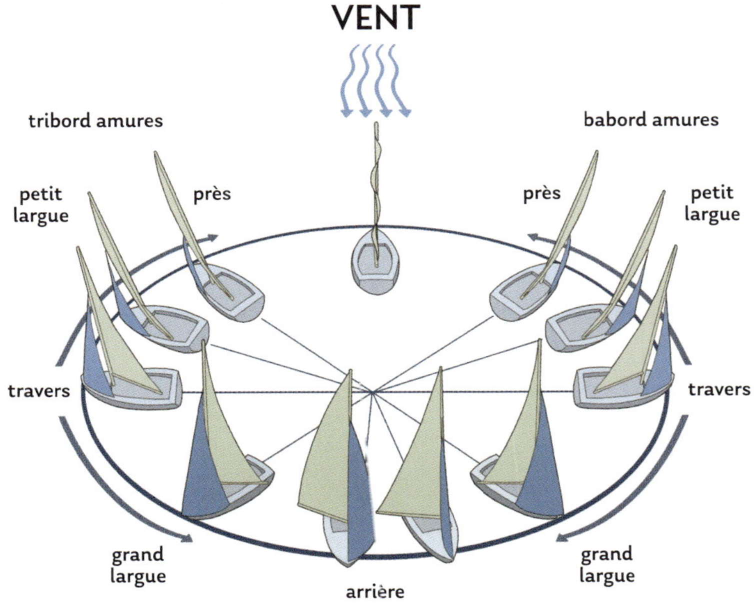

Les allures de la navigation à la voile.

L'INNOVATION SCOW

Class40, quèsaco ?

Comme en formule 1, la course à la voile est divisée en classes de bateaux. La classe « Class40 » a été créée en 2005. Les bateaux de cette classe ont une coque unique et mesurent 40 pieds (12,18 mètres de long).
Jusqu'à l'arrivée du Class40 Crédit Mutuel dans le circuit en 2019, les bateaux de la classe présentaient tous la même forme : un avant (étrave) pointu et très haut, une cabine – le « roof » – ramassée sur l'arrière. Depuis, beaucoup de nouveaux Class40 se sont inspirés de ses formes « avant » novatrices. Pourquoi ?

Le scow

Il s'agit d'un vieux concept, remis au goût du jour par l'architecte David Raison. C'était un voilier de régate des années 1920 qui régnait sur les courses des Grands Lacs américains. Il présentait un avant arrondi. Le Class40 Crédit Mutuel a innové en s'inspirant de ce concept. Ce bateau, par sa forme, possède de sacrés atouts : il a une facilité à passer dans la mer formée, il a l'avantage de laisser le minimum d'eau arriver sur le pont, le roof allongé vers l'avant permet au bateau d'être plus rigide et donc plus rapide.

L'« ancêtre », le scow des Grands Lacs américains.

Fiche technique

- Longueur : 12,18 m (40 pieds)
- Hauteur totale (quille-mât) : 19 m
- Largeur : 4,49 m
- Surface de voile : 115 m²
- Poids : 4 500 kg
- Année de mise à l'eau : 2019

1. Étrave relevée : pour surfer sur l'eau.

2. Proue arrondie : permet au bateau d'avoir plus de puissance.

3. Voiles d'avant : Ian en a plusieurs à sa disposition, il les choisit selon la force et la direction du vent.

4. Grand-voile : toujours en place ; sa hauteur est réglable.

5. Roof : il court tout le long de la coque, pour une meilleure solidité.

6. Quille : nécessaire pour éviter les chavirages et compenser l'inclinaison du bateau due au vent.

PARCOURS ET PALMARÈS DE IAN LIPINSKI

De la terre à la mer

Comme on le voit dans l'album, Ian Lipinski n'est pas originaire du littoral. Pourtant, il est venu à la mer dès son enfance… et il ne l'a plus jamais lâchée. Ian n'a pas cessé de côtoyer la mer et la voile. Il est notamment passé par l'école des Glénans, qui forme depuis des décennies beaucoup de skippers de talent. Ingénieur diplômé en aéronautique, Ian se lance dans la compétition à 31 ans. Ses premiers bateaux sont des Mini 6.50, de petits voiliers très expérimentaux. C'est dans la classe Mini que Ian va découvrir, et apprécier, les *scows*. Entre 2016 et 2017, il démontrera leurs qualités en remportant… 15 courses d'affilée !

Le bon sponsor pour le bon skipper

En 2018, Ian rencontre Daniel Baal, Nicolas Théry et les instances du Crédit Mutuel Alliance Fédérale. Ensemble, ils se donnent un pari encore plus fou : transposer dans la Class40 le concept de *scow*…

En 2022, le palmarès de Ian Lipinski sur le Class40 Crédit Mutuel (en solitaire ou avec des co-skippers) le prouve : le bon marin, sur le bon bateau, avec le bon sponsor, telle est la recette du succès !

4 ans de palmarès

- 2022 : Route du Rhum – Destination Guadeloupe – 13e (avarie)
  40' Malouine Lamotte – 3e
  CIC Normandy Channel Race (équipe) – 1er
  1 000 milles des Sables – 2e
- 2021 : Transat Jacques Vabre – 14e (avarie)
  Les Sables – Horta – Les Sables (équipe) – 3e
  CIC Normandy Channel Race – 4e
- 2020 : Normandy Channel Race (équipe) – 2e
  Drheam-Cup 700 (équipe) – 1er
  Tour des îles Britanniques – record
- 2019 : Transat Jacques Vabre (équipe) – 1er

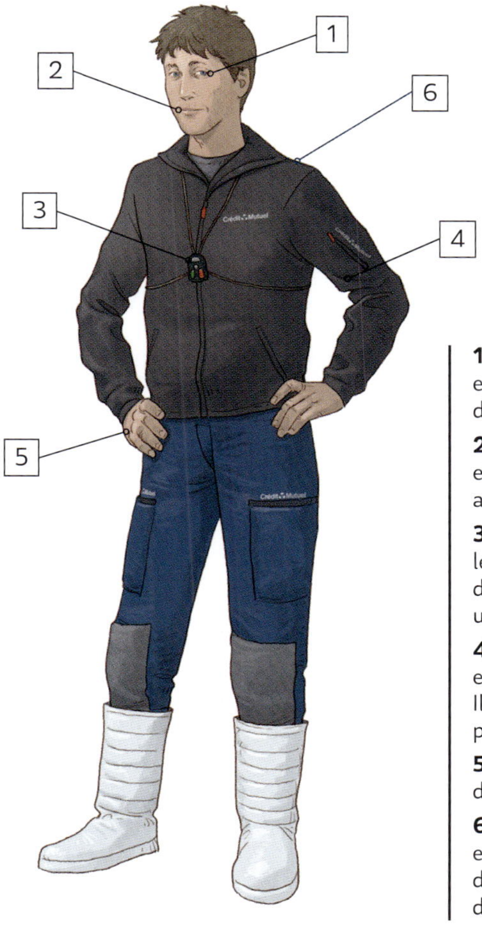

1. Yeux de lynx : pour surveiller les voiles et les régler au moindre changement de comportement.

2. Sourire : la bonne humeur et l'optimisme, c'est ce qui fait qu'on adore tous notre skipper !

3. Télécommande : elle permet de régler le gouvernail et d'autres équipements du bateau. Ian ne la quitte pas de toute une course.

4. Biceps : un des muscles que Ian entraîne à la salle avant chaque course. Il en faut des moulinets sur les winches pour gagner une course !

5. Mains : elles doivent savoir serrer, desserrer, empoigner, manipuler, réparer…

6. Vêtements : du tee-shirt au gros ciré, en passant par la polaire, la panoplie de vêtements techniques permet à Ian d'affronter toutes les conditions météo.

ET LE PROCHAIN BATEAU ?

Du #1 au #2

La première aventure humaine et technologique du Class40 Crédit Mutuel s'achève en 2022. Mais un si beau parcours ne pouvait pas en rester là : Ian et le Crédit Mutuel ont signé un nouveau contrat de quatre ans.

Nouveau contrat et… nouveau bateau. En effet, depuis 2019 et l'irruption du *scow* de David Raison dans la Class40, les concurrents ont évolué et se sont adaptés. Il est temps pour Ian de présenter à la mer un successeur au Class40 Crédit Mutuel #1.

Un secret bien gardé

À quoi ressemblera le nouveau Class40 blanc et rouge ? Quelles seront ses innovations ? Le bureau de l'architecte est bien gardé, et le mystère reste entier ; peut-être qu'il s'agira d'un *scow*…

Nul doute que ce bateau prendra ses racines un peu partout en France : les voiles de celui de 2019, par exemple, ont été fabriquées dans l'Aveyron.

Comme pour le précédent bateau, Ian passera du temps avec son architecte sur la table à dessin. Il supervisera la conception, la construction et mettra, une fois encore, « la main à la pâte » : rien de mieux, plus tard, pour faire corps avec le voilier, pour le sentir et dialoguer étroitement avec lui, que d'avoir transpiré dessus lors de sa fabrication.

Une aventure qui promet encore plus de défis, de suspense, d'innovations et d'accomplissements…

Autrefois base de sous-marins « la Base » de Lorient est désormais le berceau des voiliers de course… et le port d'attache du Class40 Crédit Mutuel.

Que deviennent les anciens voiliers de course ?

Après quatre ans de course, le Class40 Crédit Mutuel ne sera pas bon à jeter, bien au contraire. Suite à leur première carrière, certains bateaux sont rachetés par de nouveaux sponsors et repartent en mer sous d'autres couleurs et avec un autre capitaine. D'autres peuvent arriver dans les mains de particuliers talentueux, qui s'en servent alors pour la plaisance.

ebra ÉDITIONS

Achevé d'imprimer en novembre 2023 sur les presses de Pollina à Luçon (Vendée) - 47732
pour le compte d'EBRA Éditions 4, rue Frédéric-Guillaume Raiffeisen 67913 Strasbourg Cedex 9
ebra-editions.fr